Ln 27/19045.

VIE

D'UNE RELIGIEUSE

DÉCÉDÉE

DANS LE MONASTÈRE DE LA VISITATION, A TOULOUSE,

le 31 mai 1850.

ALBI,

IMPRIMERIE DE MAURICE PAPAILHIAU, RUE DE LA MAIRIE.

1851.

Lorsque une personne religieuse vient à décéder dans un monastère, on informe de sa mort les Communautés du même ordre, qui font des prières pour elle. C'est à cet usage qu'est due la présente circulaire, dont un exemplaire a été adressé à la famille de la défunte qui en est l'objet. Ayant demeuré avec ses parents à Albi, depuis l'âge de treize ans jusqu'à sa vingt-sixième année, époque de son entrée au monastère de la Visitation, à Toulouse, les précieux souvenirs qu'elle avait laissés dans cette ville ont attaché un double intérêt à l'exposé de sa vie religieuse. Aussi, dès son apparition, ceux qui en ont entendu parler ont-ils manifesté le désir de s'édifier par cette lecture, et le meilleur moyen de satisfaire un désir si légitime a été de recourir à une réimpression.

Cet échantillon de la vie religieuse, dérobé en quelque sorte au mystère du cloître, sera un délicieux parfum pour les âmes chrétiennes. Quant à ceux qui ne s'occupent que des affaires et du bien-être de la terre, ils ne comprendront pas une existence et des sentiments qui contrastent d'une manière si frappante avec leurs goûts et leur conduite. Peut-être traiteront-ils de folie la vocation sainte qui détermine des âmes d'élite à se rendre volontairement prisonnières pour mieux pratiquer l'Evangile. Mais une autorité suprême décide de quel côté est la raison et la prudence ; c'est le tombeau. Là s'engloutissent toutes les jouissances et les espérances du mondain, alors que commence pour les âmes saintes un bonheur impérissable.

Ce qui attire des âmes généreuses dans le saint asile du cloître, c'est le noble désir de pratiquer les préceptes et les conseils de l'Evangile, en s'affranchissant des obstacles que le monde oppose à ce travail intérieur. Là tout élève l'âme vers Dieu, et rien ne la détourne de son service; l'œuvre de la sanctification n'est pas un travail interrompu, il est de tous les instants. Là Dieu opère tous les jours des prodiges de vertu, et par sa grâce puissante il taille, avec la dernière perfection, les pierres précieuses qui doivent occuper une place distinguée dans les monuments de la cité céleste. Là règnent l'union la plus parfaite et une paix inaltérable, sous la sage direction de la personne qui a été élue Supérieure comme plus avancée dans les voies de Dieu, et à laquelle sa famille spirituelle donne le doux nom de Père ou de Mère. Ce qui entretient cette union et cette paix, c'est une charité parfaite, une obéissance aveugle, l'abnégation et l'humilité, l'amour de la pauvreté, des privations et des souffrances, une pudeur angélique, un amour toujours croissant pour Dieu. Mais où ces vertus trouvent-elles leur aliment ? Dans la méditation constante des vérités et des préceptes de l'Evangile, dans l'habitude de la prière et dans la fréquentation des sacrements. Par ces moyens, de frêles créatures, fidèles à la grâce divine, deviennent des anges sur la terre, et acquièrent un tel ascendant sur le cœur de Dieu, qu'elles obtiennent de lui des faveurs spéciales non-seulement pour elles, mais pour la société entière. Combien de guérisons et de conversions obtenues par leurs prières ! Combien de fois n'ont-elles pas appaisé la justice divine et arrêté les fléaux qui allaient fondre sur les hommes coupables ! Sans parler des services temporels que rendent les Communautés religieuses, quand même la vie du cloître n'aurait d'autre utilité que celle-là, ne se recommanderait-elle pas au respect et à l'admiration des chrétiens ?

VIVE JÉSUS !

ABRÉGÉ *de la vie et des vertus de notre bien-aimée Sœur* MARIE-ANTOINETTE SOLINHAC *, décédée en ce monastère de la Visitation Sainte-Marie de Toulouse , le 31 mai 1850 , âgée de 49 ans 4 mois, de profession 22 ans et quelques jours, au rang des Sœurs Choristes.*

> *Je suis l'ami de la pureté, je cherche un cœur pur, et c'est là le lieu de mon repos.*
>
> IMIT. CH. XII.

Le divin Epoux cherchant un asile, comme il l'exprime par ces paroles, trouva une demeure digne de lui dans le cœur de notre bien-aimée Sœur, dont l'âme était un vrai cristal où se réflétait la divine Image du Père céleste, et sur lequel sa grâce a admirablement travaillé, trouvant de la part de sa généreuse servante une entière correspondance ; aussi regrettons-nous de ne pouvoir que bien imparfaitement faire connaître à vos Charités les rares qualités et les éminentes vertus de celle que nos cœurs savaient si bien chérir, et qu'ils regrettent si sincèrement ; il faudrait, nous le sentons, une autre plume que la nôtre pour donner une juste idée des trésors de grâces renfermés en notre précieuse défunte; ce que nous pourrons en dire servira tout au plus à vous faire comprendre combien est grand le sacrifice que le Seigneur a exigé en l'enlevant à notre affection, et par le peu que nous en dirons vos Charités pourront se faire une idée de la perfection à laquelle elle était arrivée.

Notre chère Sœur naquit à Quillan, petite ville du département de l'Aude, d'une famille honnête qui s'est toujours distinguée par sa piété. Par un heureux rapprochement, ce fut le 20 janvier, jour consacré à la mémoire de deux Saints Martyrs, que vint au monde celle qui a été elle aussi martyre du divin amour et de la croix. Madame sa Mère éprouva une si forte impression de grâce à la naissance de cette chère enfant qui était la seconde des quatre dont Dieu bénit son mariage, que déposant un premier baiser sur le front de ce petit ange, elle s'écria ! « Chère enfant, tu ne seras pas pour nous, mais toute pour Dieu, » et s'adressant aux personnes qui l'entouraient, elle leur dit : « J'ai un sentiment profond que cette petite sera au bon Dieu et me quittera ; » paroles qui pourraient être regardées comme prophétiques, et qui donnaient bien à présager quelle serait la marche de cette jeune enfant, qui, nous devons le dire, a pleinement justifié l'idée que sa pieuse mère s'était faite d'elle : en effet toute sa vie a été une suite de vertus et de mérites. Elle annonça de bonne heure les plus heureuses dispositions pour la piété, et toute enfant encore la petite Fanny trouvait ses délices à construire de petits oratoires, et elle y réunissait ses sœurs pour prier. D'une soumission peu ordinaire dans un âge où en général les enfants sont sujets à de petits caprices, celle-ci se reprochait comme une des plus grandes fautes de son enfance, d'avoir une fois contrevenu à un désir exprimé par M. son père : un second grief à ses yeux était un petit sentiment d'amour propre au sujet de quelque objet de toilette, nouveau Louis de Gonzague qui pleurait sur un mot dit sans malice ; ce sont là les grandes fautes que cette chère Sœur se reprochait, beau prélude de cette vie d'innocence qu'elle a toujours menée, de cette admirable pureté de cœur que nous avons vu reluire en elle.

A cette époque le sacrement de Confirmation était rarement administré : la divine providence permit qu'un Évêque passant par la ville où était établie la famille de notre chère Demoiselle, sa pieuse mère voulut lui procurer la grâce de recevoir l'onction sainte, quoiqu'elle n'eût alors que trois ans. L'Esprit-Saint trouva sans doute ses délices dans cette âme si pure, y établit sa demeure et en prit dès-lors la conduite ; il ne nous semble donc pas étonnant que tout le cours de la vie de notre précieuse Sœur ait été marqué au sceau de la grâce, et qu'elle ait eu une si constante dépendance de l'Esprit-Saint ; il lui avait fait sentir de bonne heure les douces influences de sa conduite ; et quoique notre chère Sœur ait toujours regretté d'avoir reçu ce sacrement dans un âge où, disait-elle, elle n'avait pu l'apprécier et en profiter, nous croyons au contraire qu'il fut pour elle une source de grâces, et que l'esprit d'amour déposa dans son jeune cœur, le germe des dons divins qui se développèrent plus tard d'une manière admirable. Dès-lors le don de piété semblait naturel à cette chère enfant, dont le plus grand bonheur était d'aller à l'Eglise, se retirer dans un endroit secret pour faire oraison ; de si heureuses dispositions, jointes à un caractère aimable et à beaucoup d'esprit naturel, rendaient cette jeune enfant infiniment chère à ses bons parents, qui désireux de son avantage, s'imposèrent le sacrifice de l'éloigner d'eux, et confièrent son éducation aux Dames de Nevers établies à Figeac : celles-ci eurent bientôt démêlé le mérite de leur nouvelle élève, qui à son tour sut apprécier le dévouement et les tendres soins de ses dignes maîtresses pour lesquelles elle a toujours conservé un attachement réel et une sincère gratitude ; elle eut aussi facilement gagné le cœur de ses compagnes, que celui de ses institutrices : toute au devoir, la jeune Fanny était aussi bien disposée à profiter des moments de récréation ; beaucoup d'enjouement, un peu d'espiéglerie même la faisaient rechercher de ses jeunes amies, qui d'ailleurs trouvaient en elle un exemple à suivre ; car si elle savait jouer, elle savait aussi bien être appliquée et studieuse lorsque l'heure du travail était arrivée. Une conduite si satisfaisante la fit admettre au nombre de celles qui se disposaient à la première communion. C'est bien alors que cette aimable enfant se surpassa elle-même : éclairée sur la grandeur de l'action qu'elle devait faire, elle mit tout en œuvre pour se préparer dignement, ce fut avec allégresse qu'elle vit enfin arriver le jour où son Dieu devait se donner à elle. Qu'ils durent être délicieux les épanchements entre l'ami de la pureté et un cœur où le souffle du démon avait à peine pénétré ! Que n'avons-nous pu savoir ce qui se passa dans ce moment fortuné, afin d'en édifier vos Charités ! Ce que nous savons c'est que cette chère Sœur disait avec simplicité qu'elle s'était convertie à l'époque de sa première communion, que dès-lors elle n'avait plus été si dissipée, et elle travailla aussi, dit-elle, à corriger la hauteur qu'elle avait dans le caractère, car, ajoutait-elle, mon grand défaut était l'orgueil : s'il en a été ainsi nous pouvons dire que ses efforts n'ont pas été vains, car il est rare de trouver une plus profonde humilité, et notre chère Sœur nous a laissé de beaux exemples de cette vertu ; depuis cette époque ses plus chères délices étaient de s'approcher de la sainte Table, et les consolations qui inondaient son âme étaient si rassasiantes, que cette âme fervente aurait voulu passer sa journée aux pieds des Saints Autels, et ne pas prendre d'aliments matériels, tant son âme était nourrie de la viande céleste.

Vint l'époque où cette jeune demoiselle devait rentrer au sein de sa famille. Colombe craintive, elle fut effrayée des dangers qui s'offraient à elle, et mit tout en œuvre pour se conserver sans tache au milieu de la corruption générale : c'était dans de longues et fréquentes oraisons qu'elle puisait les forces et les lumières dont elle avait besoin. Sa plus douce occupation était de visiter le Saint Sacrement ; aussi, passait-elle de longues heures aux pieds des saints tabernacles. La piété bien éclairée de la vertueuse Fanny lui faisait un devoir de se rendre utile à sa famille, et lui faisait allier les occupations d'un intérieur avec celles de la plus grande dévotion : toujours disposée à condescendre aux désirs de ses parents, elle sacrifiait ses penchants les plus chers pour les contenter. Le zèle de la gloire de Dieu, déjà si vif dans le cœur de notre édifiante demoiselle, se montrait par l'assiduité avec laquelle elle s'occupait de l'instruction religieuse d'un certain nombre de jeunes filles, qu'elle réunissait pour leur faire le catéchisme et leur suggérer des pratiques de vertu. Après avoir travaillé à l'ornement des temples spirituels de la divinité, son plus agréable délassement était l'ornement de l'Eglise : nommée Sacristaine, elle remplit ses nouvelles fonctions avec tout le zèle et le soin que peut inspirer la foi la plus vive et la plus tendre piété.

C'est dans ces occupations si dignes d'une âme chrétienne que l'édifiante Fanny coulait ses jours, lorsque la voix de Dieu se fit entendre à son cœur, la conviant à quitter la maison de son père pour aller dans la terre qu'il lui montrerait. Quelle annonce pour un cœur si aimant ! Sans doute, il faudra de généreuses victoires remportées sur ses affections les plus légitimes ; mais le Seigneur a parlé, elle saura obéir et fermer l'oreille aux mille et une raisons que la nature et le sang objecteront pour arrêter ses pas.

Après de mûres délibérations, assurée de la volonté de Dieu, la vie de notre aimable demoiselle devint encore plus exemplaire ; elle s'appliqua à la pratique des vertus religieuses, essayant ses forces pour s'assurer si elle pourrait remplir les saintes obligations de l'état de perfection vers lequel se portaient ses désirs. Prévenant le lever du soleil, elle était depuis longtemps en oraison, lorsque le jour commençait à poindre. Elle voulut aussi s'habituer à se servir elle-même, et refusa les services les plus ordinaires.

Enfin arriva le moment de la séparation d'une famille qui méritait et possédait son affection. Quelles angoisses pour ce cœur si bien fait ! Elle eut à soutenir des assauts terribles de la part de Mme sa mère, qui ne pouvait supporter la pensée de son éloignement : le démon et enfin son propre cœur, ennemi plus redoutable encore, mirent tout en usage pour la faire changer de dessein : tout fut inutile ; cette âme fidèle avait connu la volonté du divin maître, elle ne sut que la suivre ; et brisant tant de liens, elle vint, accompagnée de M. son père, solliciter son admission parmi nous. Entrant dans notre maison, notre chère prétendante crut mettre le pied dans le ciel, et se proposa, dès ce premier instant, d'agir en tout aussi parfaitement qu'elle le pourrait, préludant ainsi admirablement à cette belle œuvre de perfection que nous la verrons réaliser dans le cours de sa vie religieuse. Les lieux les plus saints n'en sont pas moins exposés aux embûches du démon ; il employa mille ruses pour abattre le courage de cette généreuse athlète : ses parents mirent tout en œuvre pour la rappeler ; une de ses sœurs vint dans notre ville pour lui représenter le pitoyable état dans lequel ils étaient tombés. Impossible de décrire ce qu'il y eut d'accablant pour ce pauvre cœur, dans une entrevue de ce genre : elle disait que, sans une grâce spéciale, elle aurait sûrement cédé à tant d'instances ; mais cette grâce lui fut accordée, et rien ne put ébranler sa constante résolution d'être au Seigneur.

C'est dans ces saintes dispositions que notre chère Sœur commença son essai, et le poursuivit de manière à être admise à la prise d'habit le 24 mai, jour du Saint Sacrement. Cette coïncidence lui fit concevoir le dessein d'être, comme son divin époux, sans cesse immolée au bon plaisir de Dieu, et nous pouvons dire que depuis cette époque, l'amour de cette divine volonté a été la règle de la sienne, et que son plus grand bonheur a été d'être une victime sans cesse immolée à la gloire de Dieu. Ces premiers engagements pris avec le Seigneur, ne servirent qu'à accroître la ferveur et les heureuses dispositions que notre chère Sœur avait manifestées depuis son entrée dans notre maison. Son noviciat répondit parfaitement aux espérances qu'elle avait fait concevoir. Éprise de l'amour de la vie cachée en Dieu, notre chère novice mit tous ses soins à dérober aux yeux des créatures les trésors de mérites qu'elle amassait journellement : sa conduite était simple, et à l'extérieur ordinaire, tandis que le fond de son âme était si agréable à Dieu, que l'on pouvait lui appliquer ces paroles du sacré Cantique : « Mon Épouse, vous avez blessé mon cœur par un de vos regards, et par un de vos cheveux. » Un caractère naturellement craintif joint à une rare modestie, ont été cause que nous ignorons les particularités d'un noviciat qui fut poursuivi à la satisfaction de la Communauté, et lui mérita la grâce d'être admise à la sainte profession qu'elle fit avec de vifs transports d'allégresse, notre chère Sœur étant à cette époque renfermée dans les celliers du divin Époux, où elle buvait à longs traits les consolations du saint amour. Ce fut donc parmi les joies du Thabor que notre fervente novice offrit à Dieu le sacrifice de tout elle-même ; sacrifice qui, à en juger par la suite, fut un véritable holocauste bien agréable à Dieu. Nous regrettons que l'humilité de notre vertueuse Sœur l'ayant portée à brûler plusieurs papiers renfermant les dispositions de sa belle âme, nous ait ainsi privées de l'édification que nous aurions retirée de cette lecture ; amoureuse de l'humilité et de la vie cachée, elle a voulu être assurée que, même après sa mort, elle demeurerait ignorée des créatures. Tous ces soins n'ont pu réussir, et nous avons parfaitement apprécié le trésor que Dieu avait confié à notre Communauté en la personne de cette très-aimée Sœur, dont les talents ont été fort utiles pour les divers emplois qu'elle a exercés avec un dévouement admirable, sa santé délicate lui rendant tout plus difficile.

Peu de temps après sa profession, elle fut employée au Pensionnat en qualité d'aide : pour nos élèves, connaître leur nouvelle maîtresse et l'aimer fut une même chose : bientôt tous les cœurs lui furent attachés ; la chose était facile, car à une grande douceur et bonté notre chère Sœur joignait un entretien des plus attrayants ; aussi le plus grand contentement de ces enfants pendant les récréations était de se groupper autour de leur excellente maîtresse, qui savait les intéresser par ses discours, en même-temps qu'elle jetait dans leurs jeunes cœurs la semence des vertus, qui souvent s'infiltre plus facilement au milieu des jeux, que par des instructions sérieuses. Notre chère Sœur remplissait cet important emploi avec le plus heureux succès, lorsqu'une grave maladie vint interrompre ses travaux, et la retint à l'infirmerie pendant plusieurs mois : notre bien-aimée Sœur se croyait sur le point d'aller se réunir à son céleste Époux, et cette pensée inondait son âme de joie, tandis que nos cœurs étaient oppressés par la douleur que nous causait le sacrifice dont nous étions menacées. La Supérieure lui demandant ce qu'elle dirait si on lui annonçait qu'il fallait mourir : « O ma Mère, répondit-elle, si on m'apportait cette heureuse nouvelle, je chanterais le *Lætatus sum.* » Le Seigneur voulut bien se rendre à nos vœux, et après avoir montré la couronne à cette vierge sage, il la laissa à notre affection : ce fut un sacrifice pour cette âme désireuse de se réunir à son Dieu ; mais elle sut se servir de cette circonstance pour s'affermir dans le parfait abandon, comme il est aisé d'en juger par les sentiments qu'elle confiait au papier à cette époque. Nous les transcrivons ici, afin que vos Charités puissent mieux apprécier ses saintes dispositions : « O mon Dieu, après avoir été conduite aux portes de l'éternité,
» je me suis vue rappelée à la vie ; plus d'une fois j'ai répandu des larmes en
» votre présence, me voyant encore exilée de la céleste patrie, éloignée de
» vous, ô unique objet de mon amour et de mes désirs, exposée à vous dé-
» plaire par de nouvelles infidélités ; mais votre volonté sainte, comme un
» baume précieux placé au milieu de mon cœur, a adouci l'amertume de ma
» douleur, votre grâce m'a appris à vous adresser cette prière : Faites de
» moi ce qu'il vous plaira. O mon Dieu, je ne vous demande ni la santé,
» ni la maladie, ni la vie, ni la mort : je veux m'engloutir dans votre ado-
» rable volonté. J'accepte tout, et surtout l'incertitude de mon état, ces retours
» de souffrances, qui semblent être l'annonce d'une mort prochaine, et ces
» intervalles de santé, où je crois entrevoir la durée de mon exil. Je vous

» abandonné tout, ô mon Dieu, et veux m'interdire tout retour sur ces
» changements, toute question pour savoir ce qu'on en pense : vous le savez,
» il me suffit, je ne me réserve que le soin de vous aimer, vous plaire, vous
» adhérer, vivre et souffrir pour vous, en attendant le moment heureux où,
» par la dissolution de mon corps, mon âme s'élancera dans votre sein et se
» perdra en vous pour toujours. *Amen.* » Notre chère Sœur suivit avec la
plus grande exactitude les vues qu'elle avait reçues, et fit dès-lors de conti-
nuels progrès dans le parfait abandon. Dès que ses forces le permirent, elle
fut employée à la sacristie en qualité d'aide, et plus tard comme Officière,
charge que notre bien-aimée Sœur exerça suivant les paroles de la consti-
tution, son esprit de piété lui faisant trouver un goût inexprimable dans
l'exercice d'une charge où tout parle si haut à la foi et au cœur.

Chargée du soin important de la direction des Novices, notre excellente
Sœur mit tout en œuvre pour former de dignes Épouses à Jésus-Christ, ne
négligeant rien pour inculquer à ces novices, le vrai esprit de notre saint
état, dont elle était si bien pourvue elle-même, ayant une estime des plus
grandes pour notre vocation, qu'elle appréciait et chérissait, comme le dit notre
Saint Fondateur, d'un amour de préférence par-dessus toutes les autres. Rien
de plus touchant et de plus persuasif en même temps que les instructions
qu'elle adressait à la petite famille confiée à ses soins; aussi, l'heure du
Noviciat était-elle attendue avec impatience par chacune de ces jeunes âmes,
qui écoutaient avec délices les paroles de feu et d'onction qui s'échappaient
des lèvres de leur digne maîtresse, tendant toutes à leur inspirer un généreux
dévouement pour Dieu, l'amour de nos saintes règles, la fidèle pratique des
vertus religieuses : instructions qui faisaient les plus heureuses impressions
sur leurs cœurs, les animant d'une manière merveilleuse à entreprendre la
pratique des avis qu'elles voyaient d'ailleurs mis en exécution par celle qui
les donnait. On reconnut facilement dans cet emploi le rare don du discernement dont notre méritante directrice avait été gratifiée : elle pénétrait dans
l'intime de l'âme et savait y discerner les choses les plus cachées; aussi, la
reddition de compte était-elle bien facile : l'œil pénétrant de la maîtresse lui
faisait reconnaître les choses avant même qu'on se fût découvert à elle en
entier. Son habituelle dépendance de la grâce se fit aussi remarquer en cet
emploi; on voyait que cette chère Sœur ne parlait, n'agissait que d'après
l'action d'un moteur intérieur, auquel elle ne faisait qu'obéir. Difficilement
on pourrait comprendre l'impression que cela produisait sur les âmes qu'elle
dirigeait, car, reconnaissant l'action de Dieu, et pour ainsi dire, le cachet de
son divin esprit en tout ce qui leur était dit, elles avaient aussi plus de zèle
pour s'y conformer. Celles d'entre nous qui ont eu le bonheur de l'avoir pour
guide dans les commencements de leur vie religieuse, disent qu'elles éprou-
vaient quelque chose d'indéfinissable dans les rapports secrets avec leur bonne
maîtresse : il leur semblait entendre Dieu même leur parler, leur cœur était
fortement mu vers le bien, et les décisions reçues apportaient une telle clarté
dans leur âme, qu'il n'était plus possible d'avoir le moindre doute. Elle avait
aussi le don de rendre la paix aux cœurs troublés, et nous devons dire que
cette vraie Mère n'épargnait rien pour la ramener dans les âmes éprouvées :
à toute heure il était permis d'avoir recours à elle; souvent même elle a

pris sur son repos pour tâcher de soulager ces pauvres âmes souffrantes, et ordinairement elle réussissait à les calmer. Tout ce que nous venons de dire du discernement de notre précieuse Sœur, de sa dépendance de la grâce, de sa charité pour les âmes, s'est montré d'une manière plus admirable encore, pendant les trois ans que nous avons eu le bonheur de l'avoir pour Mère; mais n'anticipons pas sur les faits.

La Communauté, appréciant les éminentes qualités de notre chère Sœur, la choisit pour Assistante, charge qu'elle a remplie deux fois, toujours à la satisfaction générale. Quittant cette charge, notre bien-aimée Sœur fut nommée Maîtresse du Pensionnat; elle s'en acquitta comme par le passé, c'est-à-dire avec toute la perfection que l'on pouvait attendre de son zèle pour la gloire de Dieu et le bien des âmes confiées à ses soins. Des raisons particulières obligèrent de la retirer de cet office, pour la remettre à la sacristie : elle emporta tous les regrets de ses élèves, qui la chérissaient comme une mère, et avec raison ; car il est rare de trouver une plus tendre charité et des qualités plus propres à s'attirer l'affection.

Il est bien temps de parler à vos Charités des vertus que nous avons vu pratiquer à notre bien-aimée Sœur : une seule chose nous paraît difficile, c'est de dire en quelle elle a excellé, car il n'en est aucune dont elle ne nous ait donné de nombreux exemples. Notre précieuse défunte avait une dévotion sincère et affectueuse envers le Cœur adorable de Jésus ; mais ne se contentant pas de lui rendre un culte d'hommages pieux, elle se fit surtout un devoir d'en reproduire les vertus dans toute sa conduite. L'humilité semblait être sa vertu de prédilection, et les progrès qu'elle y fit étaient le fruit d'un travail généreux et soutenu ; car, comme nous l'avons dit déjà, son caractère était naturellement porté à la hauteur : notre chère Sœur l'avait si bien dompté, que rien n'était plus simple que son extérieur. L'amour de l'abjection avait pris de si fortes racines dans ce cœur, que notre édifiante Sœur disait avec simplicité, qu'elle était obligée de se détourner du plaisir qu'elle trouvait à être méprisée et contredite ; rare exemple, n'est-il pas vrai, nos chères Sœurs? De nos jours une telle disposition est peu ordinaire. Est-il étonnant, après cela, que les communications entre notre Seigneur et sa fidèle imitatrice fussent si intimes, si délicieuses ? Il nous était permis de les croire tels, car il suffisait de voir notre fervente Sœur au pied du Saint-Sacrement, pour se sentir pénétré d'une certaine onction ; l'air de béatitude répandu sur son visage dénotait les charmes que le saint amour lui faisait goûter : toute abîmée en la présence de son bien-aimé, il nous semblait voir un de ces anges adorateurs qui environnent le trône de Dieu. Notre précieuse Sœur possédait le don de piété dans un degré éminent; aussi, sa ferveur lui faisait-elle compter pour rien les heures passées aux pieds de notre Seigneur : le temps de l'oraison surtout était celui de son délassement, aussi en était-elle saintement avide; on eut dit, à la voir pendant ce saint exercice, que, nouveau saint Jean, notre chère Sœur était appelée à se reposer doucement sur la poitrine sacrée du Sauveur, où elle buvait à longs traits les effusions de sa grâce et de son amour : rien de plus simple que son action intérieure ; demeurer paisible, toute remise et repliée sur le sein amoureux de son bien-aimé. Voilà quelle était l'occupation de cette âme de choix ; du moins l'avons-nous jugé ainsi d'après les petits mots qui échappent quelquefois, lorsque, dans les rapports mutuels, on se laisse aller à ce cordial épanchement que nos saints fondateurs recommandent tant à leurs filles. L'époque des retraites annuelles était aussi bien attrayante pour notre fervente Sœur, qui pouvait alors avec plus de loisir satisfaire ses pieux désirs et s'entretenir sans détour avec son unique amour : sa pratique ordinaire, en commençant les saints exercices, était de choisir le cœur adorable de Jésus pour le lieu de sa retraite, et s'enfermant dans cette cellule mystique, elle perdait de vue tout objet créé. Nous regrettons que les compte-rendus de ses retraites ne soient point entre nos mains ; que de passages nous pourrions en extraire pour notre mutuelle édification ! Nous sentons la perte de ces précieux manuscrits auxquels se trouvaient jointes les résolutions qu'elle formait, et que nous ne pouvons supporter qu'à l'aide de ce que nous avons vu en la conduite de notre vertueuse Sœur (bien différente de tant d'autres, qui se contentent de tracer sur le papier). Ses vertus étaient portées à un si haut degré, et ses progrès dans la perfection si sensibles, que l'opinion générale de la Communauté était que cette bien-aimée Sœur avait fait le vœu du plus parfait. Nos prévisions étaient fondées, car, après sa mort, notre très-honorée Mère a trouvé dans l'écritoire de notre chère Sœur le commencement d'une copie de ce vœu admirable, mais inachevée : l'original a subi le sort de tous les autres papiers que notre bien-aimée Sœur a eu le soin de ravir à notre pieuse curiosité, en en faisant brûler une partie, et confiant les autres à des mains d'où elle savait que nous ne pourrions les ravoir, nous frustrant ainsi de l'édification que nous nous promettions de retirer de ce que son humilité lui avait fait un devoir de tenir si bien caché pendant sa vie ; mais les œuvres parlent bien haut : nous avions toutes deviné son secret par rapport à ce vœu que si peu d'âmes sont capables de remplir, et il nous semble que, par cela seul, vos Charités peuvent se faire une idée de la perfection de notre respectable Sœur.

Parmi les vertus dans lesquelles cette âme d'élite a excellé, l'amour de la croix tenait un des premiers rangs. Nous ne trouverions pas d'expressions propres à vous faire comprendre jusqu'où elle portait l'amour de ce qui la rendait plus conforme à Jésus crucifié ; elle trouvait ses délices dans la souffrance, les sacrifices et les privations : le Seigneur a amplement satisfait ce saint attrait, lui ménageant de continuelles occasions de repaître son amour de la croix, car outre les douleurs corporelles qu'elle a eu constamment à endurer, étant habituellement languissante, elle a eu des peines assez poignantes, qu'elle a supportées avec une admirable générosité ; dans une occasion surtout, le Seigneur la mit à une épreuve d'autant plus sensible à son bon cœur, que la Communauté devait en être fort affligée. Quelques lignes dans lesquelles notre bien-aimée Sœur avait exprimé ses dispositions en cette circonstance étant tombées entre nos mains, nous permettent de faire juger à vos Charités de la haute perfection de cette amante de la croix ; nous transcrivons exactement : « Dans une visite au Saint Sacrement, j'ai » été si fortement pressée de me prosterner la face contre terre, que, quoi- » que depuis quelque temps je ne puisse plus prier dans cette posture

» sans en être suffoquée, je ne pus résister à l'attrait intérieur, sentant un
» besoin inexprimable de me cacher dans la poussière, de m'abaisser,
» m'anéantir, m'engloutir en quelque sorte en Dieu, me confondre en sa
» présence, et m'abandonner complètement, absolument et irrévocablement
» à toutes ses volontés. Une croix redoutable pour mon faible courage,
» devant laquelle j'ai été hésitante durant plusieurs jours, m'a été de nou-
» veau présentée : mon âme, à cette vue, s'est non-seulement inclinée et
» soumise à Dieu, mais encore l'a embrassée respectueusement et amoureu-
» sement avec toutes ses suites, renouvelant mon abandon au très-pur
» amour. Tout mon intérieur était alors si vivement éclairé de la divine
» lumière, mu si puissamment par l'esprit de grâce, que nonobstant mes
» répugnances, mes oppositions naturelles, il n'y avait alors dans toutes les
» puissances de mon âme qu'un *oui*, un *amen*, ou plutôt *abandon, adhérence*
» à Dieu, à toutes ses volontés. Que de choses se sont passées alors !
» O mon Dieu, ne permettez pas que j'en abuse. Mon exercice habituel doit
» être une adhérence simple et amoureuse à la croix de Jésus : vivre de
» croix, dans la croix, sur la croix, unie par amour à la croix de Jésus toute
» pure, ainsi qu'il m'a été dit : Tu trouveras la croix dans la croix. » Les
sentiments exprimés dans cette circonstance étaient habituels à notre chère
Sœur ; ses paroles brûlantes lorsqu'il était question de croix, d'union à Jésus
crucifié, trahissaient malgré elle les vraies dispositions de son âme ; aussi,
aimions-nous à la mettre sur ce chapitre dans nos conversations, et plusieurs d'entre nous en retiraient des fruits précieux. Ainsi unie à notre
divin Sauveur par les liens de l'amour le plus vrai, attachée à la croix avec
Jésus, comme le divin Sauveur, elle adhérait à Dieu, et nous pouvons dire
que la conformité à son bon plaisir, l'esprit d'abandon n'ont pas été moins
admirables en notre chère Sœur, qui tâchait, dans les instructions qu'elle
nous donnait, ou les entretiens particuliers que nous avions avec elle, de
nous porter à cette entière remise de tout nous-mêmes entre les mains de
Dieu, et cette parfaite conformité qui, détruisant tout regard sur la créature
et les causes secondes, ne laisse voir que Dieu agissant en tout pour le bien
de ses enfants. Quant à notre chère Sœur, elle se tenait comme un enfant
d'amour entre les bras de son Père céleste, lui abandonnant le soin de tout,
ne se réservant que celui de l'aimer et s'unir à lui. Le Seigneur se plaisait à
se communiquer à cette âme si pure ; aussi, lui faisait-il trouver un goût
délicieux dans la lecture de la Sainte Écriture, dont elle pénétrait le sens
admirablement, surtout le *Cantique des cantiques*, dont certains passages
étaient presque toujours la matière de son occupation intérieure. Rien de
plus délicieux que d'entendre cette bien-aimée Sœur parler des merveilles
que renferme ce livre inspiré.

La dévotion à la sainte Vierge a été aussi remarquable en notre vertueuse Sœur ; avant son entrée dans notre maison, elle s'était consacrée
à cette divine Mère par un vœu spécial, comme nous l'apprend une petite
note, dans laquelle cette âme fidèle rend compte d'une vue particulière
reçue le 1er avril 1847. Voici comment elle s'exprime : « La lumière divine
» éclairant mon âme sur l'inutilité et l'imperfection de ma vie, sur mon
» défaut de correspondance à la grâce, et me découvrant en même temps

» l'amour immense de notre Seigneur dans ses mystères , et l'adorable
» Eucharistie, l'attrait divin qui m'a si souvent liée à ce mystère d'amour,
» mes ingratitudes, etc., etc., je me sentis profondément recueillie, anéantie,
» touchée, et établie dans une disposition intérieure d'amende honorable,
» de regret amoureux accompagné d'une profonde paix, qui me liait
» intimement au souverain bien. Dès la veille mon âme avait été éclairée
» et émue, en me rappelant un vœu de consécration fait à la très-sainte
» Vierge avant mon entrée au couvent, ma confiance alors envers cette
» tendre et bonne mère, et combien j'avais déchu de ma dévotion à
» Marie. Je me trouvais donc aussi, par suite de cette vue, pénétrée
» de confusion, et dans une disposition d'amende honorable envers Marie.
» Tout ce qui s'est passé ce jour-là vient assurément de Dieu ; l'impression
» m'en est restée, et j'en sens encore un accroissement de paix, mon
» âme toute renouvelée dans la confiance et dévotion à Marie, et plus
» de force et vigueur intérieures pour tendre à une vie plus parfaite. »
Pour nous qui voyons notre bien-aimée Sœur avec des yeux plus capables
de la juger, nous pensons que l'humilité seule lui a fait voir en elle
cette prétendue infidélité au service de Marie ; car nous étions témoins
de son zèle à l'honorer par de nombreuses pratiques de dévotion. Le désir
de bien passer le mois de Mai spécialement consacré à cette divine mère,
porta notre chère Sœur à se fixer certaines pratiques, consacrant chacune
des semaines de ce mois béni à l'exercice particulier d'une vertu dont
elle croyait avoir le plus de besoin. Le détail des pratiques qu'elle s'y
prescrit est trop édifiant et propre à vous faire connaître les dispositions
intérieures de notre méritante Sœur, pour que nous le supprimions : vos
Charités y admireront comme nous la sublimité des vues de cette âme pri-
vilégiée. Plus heureuses que vous, nous avons été à même de voir sa
fidèle correspondance : « Mois consacré à Marie. — Tous les jours une
» visite à Marie ; tous les matins, à midi et le soir, je me consacrerai au
» très-pur amour. Première semaine. Tendre au pur amour par le retran-
» chement de toute superfluité dans l'esprit, dans le cœur, les paroles,
» les actions ; puis faire ce que je croirai le plus parfait, épurer mes
» intentions, agir avec dépendance de la grâce. Deuxième semaine. Humilité
» et douceur de cœur ; anéantir toute émotion, sensibilité, trouble ; m'af-
» fectionner à l'amour de l'abjection, de l'oubli, blâme ; me tenir rabaissée
» devant Dieu et devant les créatures. Troisième semaine. Amour de la
» croix ; m'unir souvent par amour à la croix de Jésus, ne pas hésiter
» à la vue du sacrifice, m'élancer toujours au contraire vers la croix,
» la recevoir de la main de Dieu avec amour, en vue de son bon plaisir,
» en esprit de conformité à Jésus ; rendre grâces à Dieu, en dérober la
» connaissance aux créatures. Quatrième semaine. Indépendance du créé,
» dépendance de Dieu ; voir, vouloir et aimer en tout Dieu seul, dépendre
» de Dieu par la fidélité à la grâce, l'obéissance à la règle, aux supérieures,
» sainte indifférence, acquiescement, adhérence, Dieu seul. Cinquième
» semaine. Abandon parfait, confiance amoureuse, détachement souverain
» du créé, regard amoureux, ou simple adhérence à l'amour du bon plaisir
» divin. Tout à Jésus par Marie. »

Enfin, il faut nous borner, car pour être bien exactes il faudrait nommer chaque vertu en particulier, notre précieuse Sœur les ayant pratiquées toutes ; ce que nous avons dit suffira pour vous faire comprendre combien nous avions sujet de nous féliciter de la possession d'un si grand trésor, et aussi quelle a été notre douleur, lorsque le Seigneur voulant couronner les dons qu'il avait mis en elle, l'a rappelée à lui.

Notre chère Sœur, vous le voyez, possédait toutes les qualités propres à en faire une digne Supérieure ; nous avions su apprécier son mérite : aussi ne balançâmes-nous pas à nous mettre sous sa sage conduite, à l'élection qui eut lieu en 47. Les suffrages furent bientôt réunis, et la joie se répandit dans tous les cœurs, en entendant proclamer son nom : Le ciel nous accordait une Mère selon son cœur, une Mère qui réunissait tout ce qu'il fallait pour faire le bonheur de notre famille. N'étions-nous pas trop heureuses ! Elle seule, aveugle sur son mérite, gémissait en se voyant chargée d'un fardeau qu'elle croyait au-dessus de ses forces ; mais habituée à voir le bon plaisir de Dieu en tout et à s'y abandonner pleinement, notre chère Mère se soumit avec paix et confiance, acceptant ce qu'elle regardait comme une croix, et qui était un si grand bonheur pour nous. Lorsque nous pûmes donner l'essor à nos sentiments et lui exprimer notre allégresse, lui donnant ce doux nom de Mère · « Je n'en ai que le cœur, répondit-elle, mais je puis » dire qu'il vous est tout dévoué, et que je me sacrifierais pour procurer le » bien de chacune. » La suite a bien fait voir que c'étaient là les vrais sentiments de notre bonne Mère, qui nous a donné les preuves les plus marquées de son dévouement, malgré la faiblesse extrême de sa santé, qui nous donna seule de la peine et de l'inquiétude. Nous eûmes pourtant la consolation de la voir soutenir assez bien le travail de sa nouvelle charge, suivre la Communauté assez exactement pendant quelques mois, et nous nous flattions qu'il en serait toujours ainsi ; mais nous nous aperçûmes bientôt que chez notre précieuse Mère, le zèle surpassait de beaucoup les forces, et nous eûmes recours à la prière pour obtenir le rétablissement d'une santé qui nous avait toujours été chère, mais qui l'était beaucoup plus depuis le jour où au lieu du titre de Sœur nous pûmes lui donner celui de Mère.

C'est bien ici que nous sentons notre impuissance à dire à vos Charités tout ce que nous vîmes reluire de perfection en notre digne Mère pendant les trois ans que nous avons eu le bonheur de vivre sous sa conduite. Zèle pour l'observance de la règle, fermeté accompagnée de la plus grande douceur, support, charité, en un mot toutes les vertus qui caractérisent une parfaite Supérieure, reluisaient en celle que le Seigneur avait placée à notre tête ; d'une condescendance rare, notre Mère paraissait disposée à obéir à chacune de nous, et nous pouvons dire d'elle, comme autrefois on disait de Saint Anselme : qu'elle ne savait que céder aux autres, et n'avait plus de jugement pour les choses indifférentes, ou qui la regardaient personnellement, car pour tout le reste, notre bonne Mère ne pliait jamais lorsqu'elle voyait la volonté de Dieu, ou un devoir à remplir. Du reste, nous devons dire qu'elle avait un art tout particulier pour nous faire goûter et approuver son commandement lorsqu'elle était obligée d'exiger ou de défendre, si bien que l'on finissait par aimer sa décision alors même qu'elle était opposée aux désirs et aux inclinations naturelles.

La santé de notre chère Mère, qui ne lui laissait que de courts intervalles de mieux, commença à nous donner de plus vives inquiétudes vers le mois d'août dernier, et ne lui permit point de nous donner ses soins pendant nos retraites ; ce fut une vraie privation pour nous, car rien n'était plus suave que sa direction, et ses avis étaient toujours si remplis de l'esprit de Dieu, que l'exercice de la reddition de compte était un des plus aimés ; aussi la privation des entretiens particuliers avec notre Mère ne fut pas une des moindres pénitences pendant nos retraites : nous aurions pourtant été heureuses si, à ce prix nous eussions pu acheter le rétablissement d'une poitrine si fatiguée et malade. Nous entrevîmes bientôt le sacrifice qui nous menaçait ; le Seigneur voulut bien pourtant nous accorder encore la consolation de voir notre Mère revenir parmi nous, et pendant quelques jours elle suivit la communauté, tint même le chapitre de la veille du premier de l'an, fit tout ce qu'il y avait à faire en ce jour ; mais notre contentement ne fut pas long ; car la veille des Rois, se sentant plus souffrante, elle demeura dans son lit, et depuis lors ne fut plus en état de quitter sa chambre. Les progrès de la maladie devinrent si prompts, que nous nous crûmes à la veille de la perdre : tout fut mis en usage pour la conservation de cette précieuse Mère, prières, neuvaines, consultations, etc., etc., mais tout fut inutile. Nous renonçons à donner une idée de la douceur et patience angéliques que nous eûmes à admirer en notre Mère, durant tout le cours de cette maladie, dont le propre est de causer de l'inquiétude et de l'impatience. Toujours égale et gracieuse, elle nous accueillait avec bonté chaque fois que nous allions à elle, et c'était assez souvent, puisqu'elle voulait que nous eussions recours à elle pour tout, et ce ne fut que pendant très-peu de jours qu'elle nous autorisa à nous adresser à la sœur Assistante. Rien de plus édifiant que cette chère malade qui, toujours animée de la plus tendre piété, faisait de son lit un oratoire où elle s'entretenait avec le divin Époux par d'amoureux colloques : chose rare, elle ne manqua pas un jour de marquer son examen particulier ; sa fidélité, son amour ne se ressentaient nullement de la faiblesse de son corps.

Le mal empirant si fort, et sentant ses forces diminuer sensiblement, notre Mère demanda à recevoir les derniers sacrements, ce qui lui fut accordé. Elle se disposa avec une ferveur angélique à cette action si importante. Nous étions toutes dans la consternation, notre chère malade seule conserva la plus parfaite sécurité, et demeura toute pleine de Dieu et dans le plus profond recueillement. Il paraîtrait qu'elle reçut quelque impression de grâce en recevant les saintes onctions, car, quelques heures après, une de nous ayant été la voir, cette chère Mère lui présentant ses mains lui dit avec un accent qu'elle n'oubliera jamais : « Baisez ces mains qui sont saintes maintenant ; » là, là, ajoutait-elle, en indiquant l'endroit où avait été faite l'onction, » baisez, ce sont des mains sanctifiées par la grâce. Oh ! que Dieu est bon ! » qu'il ma fait de grâces aujourd'hui !!! » Et portant ses mains à la bouche, elle les baisa elle-même, répétant : « Oh ! que Dieu est bon et miséricor-

» dieux ! bientôt j'irai m'unir à lui, je serai transformée en lui pour tou-
» jours. » L'entendant parler avec tant de transport de sa fin prochaine,
cette Sœur, maîtrisant son émotion, la pria de se souvenir d'elle auprès du
bon Dieu ; « Oui, répondit-elle, je ne vous oublierai pas ; si Dieu me fait
» miséricorde, comme je l'espère et en ai la confiance, je prierai beaucoup
» pour la Communauté ; je l'aime tant, ajoutait-elle avec effusion, chère
» communauté, je prierai bien pour elle. » Cette crise se calma, et notre
précieuse Mère nous parut un peu moins mal. Ce mieux ne fut pas de longue
durée ; une nouvelle crise réveilla toutes nos alarmes. Monsieur notre confesseur connaissant ses admirables dispositions et le désir ardent qu'elle
avait de s'unir à notre Seigneur, obtint la permission de lui administrer
le saint Viatique, après huit jours d'intervalle, faveur qui lui fut accordée deux autres fois, et que cette âme éclairée savait apprécier, nous ne
dirons pas à sa juste valeur, mais au moins autant qu'une créature en
est capable. Elle donna une grande preuve de son esprit de religion un
jour où elle vomit quelque temps après avoir communié : craignant qu'il
n'y eût quelques parties de la sainte hostie, elle avala tout ce qu'elle avait
rejeté : acte vraiment héroïque, surtout dans l'état de maladie où elle était,
et qui montre bien son respect et son esprit de foi.

L'époque de la déposition approchait, et nous ne pensions pas que notre
Mère pût arriver jusque là, tant elle était on peut dire agonisante. La veille
de l'Ascension, une nouvelle augmentation dans ses maux nous fit croire
que notre Seigneur voudrait la conduire au ciel le jour même de son triom-
phe glorieux : elle-même désirait avec ardeur l'instant où elle irait s'unir à
son Dieu, et quoique parfaitement soumise à la volonté divine, elle soupi-
rait après la fin de son exil : cette âme pure crut voir de l'imperfection dans
un si saint désir, et avoua à son infirmière, un jour que Monsieur notre
confesseur devait venir la visiter, qu'elle n'avait autre chose à lui dire,
sinon qu'elle désirait trop de mourir. Dans un moment de suffocation elle
pria d'ouvrir les rideaux de son lit ; quelque temps après, comme on lui
offrait de les refermer : « Oh ! non, dit-elle, laissez-moi regarder le Ciel ;
» oh ! quand y serai-je ? » Elle avait sans cesse les yeux attachés au Ciel
ou sur un tableau représentant l'*Ecce Homo*, qui était placé aux pieds de
son lit ; c'est dans la considération de l'homme des douleurs, qu'elle puisait
le courage, le calme dans ses vives souffrances : « Cette vue, ajoutait-elle,
» me confond et m'humilie ; je souffre si mal et si peu, tandis que notre
» Seigneur a tant souffert pour moi. »

Enfin arriva le jour où notre précieuse Mère devait quitter une charge
qui lui avait toujours paru au-dessus de ses forces, et qui l'était effective-
ment dans l'état où elle était réduite ; nous ne le sentions que trop : aussi
jamais déposition ne nous avait paru aussi pénible que celle-là ; car après
avoir goûté le bonheur d'être sous sa sage conduite, il était bien affligeant
pour nous d'être réduites à en être privées pour toujours. Le Seigneur
ne nous l'avait pour ainsi dire que montrée, et en exigeait déjà le sacrifice :
la vue de sa mort prochaine ajoutait encore à notre juste affliction ; aussi
lorsque nous nous vîmes toutes réunies autour de son lit, pour procéder

à la déposition, nos cœurs brisés ne purent contenir leurs soupirs, les larmes inondèrent tous nos visages; elle seule, heureuse de rentrer sous les aimables lois de l'obéissance, était calme, dans ce moment où nous l'étions si peu. La vertu de notre précieuse Sœur se montra avec un nouvel éclat dans cette circonstance, où elle nous donna l'exemple de l'obéissance la plus parfaite. D'ailleurs toujours la même, elle nous témoigna le plus tendre attachement : et de notre côté, quoique nos saintes règles nous fissent un devoir de ne plus lui donner le nom de Mère, nous conservions à son égard les sentiments de la plus vive affection et reconnaissance pour tout ce qu'elle avait fait pour nous, et nos cœurs n'étaient point changés. Lorsque nous retournâmes auprès d'elle, après la déposition, nous fûmes frappées de l'air de contentement répandu sur ses traits, et jamais peut-être elle ne nous avait accueillies avec plus de bonté.

Il n'y avait que peu de jours que notre chère Sœur était rentrée dans la condition d'inférieure, lorsqu'un état de faiblesse extrême nous avertit que l'heure du sacrifice approchait. M. notre Médecin la trouvant beaucoup plus mal, on fit appeler Monsieur notre Confesseur, qui lui appliqua l'Indulgence *In articulo mortis*. Il ne lui fit point les prières de la recommandation de l'âme, ne la croyant pas encore au moment suprême : ses prévisions furent exactes, car le Seigneur jaloux sans doute de la pureté d'une âme qui lui était si chère, la laissa encore deux jours dans un état des plus pénibles, tant pour le corps que pour l'âme, car ses désirs d'aller se réunir à son bien-aimé étaient toujours plus véhéments, et lui faisaient souffrir un espèce de martyre, voyant encore retarder l'heure où dépouillant l'enveloppe terrestre, son âme pourrait s'engloutir en son Dieu. Ces deux jours, comme ceux qui avaient précédé, ne furent qu'une longue agonie : nous nous attendions à chaque instant à être appelées pour recevoir son dernier soupir; mais le Seigneur voulut nous priver de cette triste consolation, car ce fut dans la nuit du 30 au 31 mai que notre bien-aimée Sœur nous fut ravie.

Vers les onze heures, les Sœurs qui la veillaient reconnaissant qu'elle n'avait que peu de temps à vivre, avertirent notre très honorée Mère, qui se rendit aussitôt auprès de notre chère mourante; la voyant entrer, elle lui dit : « Ma Mère, je vais au ciel, oh! que je suis heureuse, je vais aimer Dieu pendant toute l'éternité !!! » Après lui avoir dit quelques paroles de confiance et d'encouragement, notre Mère récita les prières de la recommandation de l'âme ; notre chère Sœur les suivit et répondit avec beaucoup de ferveur, ainsi qu'aux Litanies du Sacré Cœur et à tout ce que notre Mère lui disait, faisant elle-même de ferventes aspirations, des élans d'amour que l'on entendait à peine, tant sa faiblesse était grande. Enfin, vers les trois heures du matin, après avoir prononcé les saints noms de Jésus et de Marie, elle s'endormit paisiblement dans le sein de Dieu ; elle avait déjà paru devant la Majesté sainte, que l'on se demandait si elle existait encore, tant sa fin fut douce et calme. Une si édifiante mort devait naturellement être la suite d'une vie si bien remplie et si agréable à Dieu. Nous aurions souhaité que notre précieuse Sœur nous eût dit quelque chose pour notre édification, avant que de quitter la terre; mais toujours elle-même, c'est-à-dire humble et amoureuse de la vie cachée, nous avons été privées de cette satisfaction, et il n'y eut rien, comme vous le voyez, d'extraordinaire dans sa fin, sinon les rares exemples de patience, d'égalité d'humeur et d'humilité qu'elle nous a donnés durant tout le cours de sa longue maladie. Comment vous dire ce qu'il y eut de déchirant pour nos cœurs lorsque, le matin, le fatal *Requiescat in pace* vint frapper nos oreilles ; nous avions perdu une Sœur bien-aimée, un parfait modèle, un *trésor* en un mot. Il fallait voir la main de Dieu pour se soumettre à un si grand sacrifice ; les sanglots étouffaient nos voix, et nous ne pouvions réciter les prières d'usage : la consternation était peinte sur tous les traits, et avec raison, car Dieu nous avait enlevé celle qui s'était acquis, à de si justes titres, notre affection et notre estime.

Par ce que nous avons dit dans cet abrégé, vos Charités demeureront, sans doute, comme nous, persuadées qu'après une vie si sainte et de si grandes souffrances, le Seigneur se sera hâté de la placer dans le séjour du bonheur : nous avons bien cette confiance, mais nous ne laissons cependant pas de demander pour elle les suffrages de notre saint ordre, en cas que le Dieu de toute pureté ait trouvé encore quelque chose à purifier dans cette belle âme.

Dieu soit béni.